大方
sight

GABRIEL GARCÍA MÁRQUEZ

03

The Last Interview

最后的访谈

马尔克斯

[哥伦比亚] 加夫列尔·加西亚·马尔克斯 著
汤璐 译

中信出版集团 | 北京

图书在版编目（CIP）数据

马尔克斯：最后的访谈 /（哥伦）加夫列尔·加西亚·马尔克斯著；汤璐译．-- 北京：中信出版社，2019.6

书名原文：Gabriel Garcia Marquez: The Last Interview and Other Conversations

ISBN 978-7-5217-0666-6

I. ①马… II. ①加… ②汤… III. ①加西亚·马尔克斯（Garcia Marquez, Gabriel 1928-2014）-访问记 IV. ① K837.755.6

中国版本图书馆 CIP 数据核字（2019）第 103269 号

马尔克斯：最后的访谈

著　　者：［哥伦比亚］加夫列尔·加西亚·马尔克斯
译　　者：汤　璐
出版发行：中信出版集团股份有限公司
（北京市朝阳区惠新东街甲 4 号富盛大厦 2 座　邮编　100029）
（CITIC Publishing Group）
承 印 者：上海盛通时代印刷有限公司

开　　本：880mm × 1230mm　1/32　　印　　张：2.75　　字　　数：56 千字
版　　次：2019 年 6 月第 1 版　　印　　次：2019 年 6 月第 1 次印刷
京权图字：01-2019-2796　　广告经营许可证：京朝工商广字第 8087 号
书　　号：ISBN 978-7-5217-0666-6
定　　价：28.00 元

目录

加西亚·马尔克斯想表达的意思很明确：
你今天能来到这儿已经很幸运了，
当然我也很高兴得到你的赏识。
在多番恳求成功后，谁又会问出严酷的问题呢？

INTRODUCTION

引言

大卫·斯特赖特费尔德

每个人都说这就像是拜见教皇，何苦一试。如果加夫列尔·加西亚·马尔克斯有话要说，他大可自己出书，不愁销量，又何必通过你来发表言论？

我是《华盛顿邮报》的文学记者，年轻张扬，蔑视一切，只有那些优秀的佳作才能得到我的褒奖。而加西亚·马尔克斯正是我长久以来万分敬仰的伟大作家，不论是他的成就还是他的文学造诣，都令人拜服。就如一位敏锐的评论家说过的那样，《百年孤独》这部作品，就像击碎窗户的一块砖头，因为它，人们开始了解真实的街头，那些喧嚣吵闹、五光十色的生活得以走入大众的视野。同时，它呈现的奇幻景象，比如天堂的花朵，还有那穿过城镇、流入房子，又恰好避开地毯的一缕血迹，都那么大胆、直接而真切。突然，所有拉美文学都有了它的影子。《百年孤独》是世上最为家喻户晓的名著，而且很有可能也是最后一部能够产生巨大而长久效应的作品。

为了得到专访的机会，信也写了，人也求了，多方的出版商也拜托了。最后得到的消息是：请在指定时间前往墨西哥城，大师会在家中接受你的采访。当时是1993年末，加西亚·马尔克斯正从激进的革命者逐渐转型为资深的政客。最近的两部，《霍乱时期的爱情》和《迷宫中的将军》，是马尔克斯继《百年孤独》后再创的佳作，进一步巩固了其高居神坛的地位。他从未在美国公开亮相，虽然当时的新任总统，比尔·克林顿，据说是他的头号粉丝。这份神秘和独特续写着马尔克斯的传奇。

传闻加西亚·马尔克斯虽能听懂英语，但特意不去说它，而我的西班牙语口语又不是很好，所以我带上了一名优秀的译员以及一份小礼物，即美国文库出版社新发行的赫尔曼·梅尔维尔作品系列。加西亚·马尔克斯一直坚持要我在上面留上名字，我怀疑他是不是认为这有可能是我写的。

他的办公室是位于家后方的一间独立小屋，温馨舒适，布置得恰如其分，是个可以读书、写作和避世的好去处。那儿有一整面的书墙，陈列着至少四种语言的书籍：刘易斯·卡罗尔和格雷厄姆·格林的小说赫然在目，当代作家托拜厄斯·沃尔夫的作品也在其中，一同摆放的还有一本关于天使的词典、陈旧的医学文本、巴黎地铁线路图、无名政客的自传以及其他相关的工具书。另一面墙则是密密麻麻的唱片，和一套顶级的音响系统。

一袭白衣，体态敦实，加西亚·马尔克斯看起来像极了广告中皮尔斯伯里的面团娃娃。正当我在斟酌该如何开始才能做到既独到犀利又不失礼节时，马尔克斯首先发话了："卡洛斯·富恩特斯强烈建议我要和你聊聊。"

毫无疑问，哪怕已是三十五年过后，富恩特斯依旧是拉美文学领域的"经纪人"，乐衷于帮朋友安排会面，这其中包括文学和外交界的各方人士。

重整旗鼓，我打算再次发问，马尔克斯又说道："我已经不再接受任何访谈了，但是豪尔赫·卡斯塔涅达希望我为此破例。”我虽从未见过卡斯塔涅达，《没有武装的乌托邦：冷战后的拉丁美洲左派》一书的作者，一位非常有影响力的政治理论家，但可见我名声在外，已被他知晓。我默默点头，准备开始第三次的尝试提问。

“在华盛顿的墨西哥大使是你作品的忠实拥趸。”加西亚·马尔克斯说道，他的语气如此自然，就好像在描述太阳今早已升起这般显而易见的事实一样。

我早已习惯作家的褒奖，他们常说我是文笔界的莫扎特。那些肤浅的溢美之词很自然地从他们的口中流露而出，其实就是希望我们能更加积极地向公众展示他们良好的形象。如今网络帮助作家脱离了中间人的控制，能自主地将焦点聚集在自己身上，但是在这之前，他们的名声还是掌握在媒体的手里。

但今天提到的可是一位大使呢。这不禁让我浮想联翩：那位大使，清晨六点守在使馆的门口，就为了等待一份《华盛顿邮报》。他从邮递员手中接过这份报纸后，快速地翻阅了起来，找寻着我的名字。很可惜，我的名字没有出现。丢了报纸，他悻悻地回到了床上。

加西亚·马尔克斯想表达的意思很明确：你今天能来到这儿已经很幸运了，当然我也很高兴得到你的赏识。在多番恳求成功后，谁又会问出严酷的问题呢？

一两年后，我去听过卡斯塔涅达的讲座。我带着他的书，走向了我的这位“崇拜者”。他询问了我的名字，以便能在给我签名时写在书上。我很认真地阐明了自己的身份，但似乎他从未听说过我。

但是，加西亚·马尔克斯给我的感觉并不是欺骗了我，反而有一种诙谐的幽默。当访谈终于得以开始时，他就如同我所设想的一般睿智犀利，散发着迷人的光彩。他喜欢谈论自己的作品。很多作家都倾向于在自己的迟暮之年，追忆往昔的光辉岁月，他却不同，马尔克斯从不屑于谈论当年之勇。任何一个人，如果写下了《百年孤独》，都完全可以卷钱走人，不理会评论者猛烈的抨击。

他对任何事都处之泰然。他和我详尽探讨的故事，就如《苦妓回忆录》此书一样，可能要花上十几年的时间才能得以出版。而最后也确实如此，这则简短的故事成为了他最后的作品。但是我们一位共同的朋友曾告诉我，加西亚·马尔克斯在刚步入新千年的头几年中一直在摆弄自己的电脑，竟然发现一部已完成的长篇小说被自己遗忘在了某个角落。我相信终有一天它会得以出版的。

采访者最希望受访者用举止而非言行来展示自己。加西亚·马尔克斯最常谈论的一次访谈经历，就是多年前一位西班牙记者的采访。那时马尔克斯主动邀请她，和他与妻子梅赛德斯一同在巴塞罗那购物、进餐以及处理一些日常琐事。一天结束后，这位记者再次提出访问的请求，完全没有意识到马尔克斯已经给了她这个大好的机会。于是最后，马尔克斯给她的忠告是："亲爱的，别多想了，还是另外找一份工作吧，记者不适合你。"

如果加西亚·马尔克斯曾经确实给过采访者这般机会的话，这种好日子现今已不会有了。我们访谈期间从头到尾都坐在沙发上。但是他一直保持着风趣幽默、大方爽朗的作风，仿佛我是他一位多年未见的挚友一般。之后我告诉他明天下午我们还会再次拜访时，他的脸沉了下来。他似乎在思考，我到底要对这些美国佬客气多久？

为了缓和气氛，隔天我带着女友一同造访。加西亚·马尔克斯，比起众多浪漫的拉美人，对女性陪同的青睐程度有过之而无不及。头天的陪同翻译出了点麻烦，所以丽萨和我就一直在酒店外等着，希望那位“厉害”的美国记者能为我们担当口译的工作。就这么等了许久。一个小时后，这位记者——姑且叫他格林戈[1]吧——终于大摇大摆地出现了。“这儿的交通太糟糕了，”他解释道，“每个人都迟到，没人在乎，别担心。”

前往加西亚·马尔克斯家的路途也非一帆风顺，我的胃里翻江倒海，简直是一场灾难。好不容易到达了，在别人的引领下，我们见到了马尔克斯。可想而知，这位大师已经等得不耐烦了，如果不是有丽萨的陪伴，我们可能早就被驱逐出去了。他严肃地告知我们很快他就要赶赴下一场邀约了。我也是后来才得知他非常看重守时这一点。

我们再次在沙发上落座。我以一个非常简单的问题作为开场白，“昨晚您看的电影如何？”但没料到格林戈翻译时竟然含糊不清，加西亚·马尔克斯回答道：“不错。”而格林戈根本不知道他在说什么。我惊恐地意识到，这位记者，除却在美国知名报刊上的高级头衔外，根本不懂西班牙语。加西亚·马尔克斯也很挫

---

1 格林戈（Gringo），该词在英语中有“外国佬”的讽刺意思。

败，看来传说中他会英语这件事真的只不过是个传说而已。

我不想放弃，于是一直试着用最简单基础的句子进行访谈。但是到了第二天，奇迹并没有发生，我们看到的是一位脾气暴躁、精疲力竭的老人。我将访谈的时间缩短了，这是马尔克斯喜闻乐见的，不过关于卡斯特罗的问题，很显然引起了他的不满。他讨厌一切涉及卡斯特罗的问题，而这也是他的美国读者唯一不支持他的一点。当他在访谈中向丽萨施展魅力时，才让我们看到了他真实而自我的一面。

加西亚·马尔克斯接下来的几年很少接受访谈，至少是不欢迎英语的访谈。我一厢情愿地将此归咎于这次采访。

但之后，我们再次有了交集。

那时我和马尔克斯朋友的女儿，帕特里夏·塞佩达十分要好。马尔克斯和这位友人的渊源还要追溯到他在巴兰基亚的窘迫时光，当时马尔克斯才刚开始写作，还住在妓院里。阿尔瓦罗英年早逝，但他在马尔克斯的作品《百年孤独》中获得了永生，这份手稿帕特里夏至今还收藏在保险箱中。

1997年，加西亚·马尔克斯和我再次见面，由帕特里夏帮忙担当口译。这次会面的场所更加公开一些，是在华盛顿一家知名的咖啡书店——克雷默书店。那天上午的晚些时候，华盛顿一如既往地是个繁忙的城市，除却几个闲散人士，咖啡店里几乎空无一人。他们从未抬起头来看过一眼，这可是他们的损失。

也许因为有帕特里夏在场，她的安静从容也让我看到了截然不同的加西亚·马尔克斯，真实平和，无比放松。他喜欢开一些无伤大雅的玩笑。我带了几本他的书，都是绝无仅有的版本。但是他认为一名记者的工资可买不起这些书籍，甚至问我当这些“不明来源”的钱都花完的时候，我该怎么办。我在想，难不成他，这些书的作者，到时候打算来保释我？他还提到我对死亡话题的痴迷，并且说到在第一次的采访稿中，我还耍了点花样，试图将这种痴迷转移到他的身上。看来，他早就把我看穿了。

之后我们也见过几次，都是一些偶遇。最后一次是在比佛利山的罗迪欧大道，当时正值下午，他的妻子在名品店购物，马尔克斯则在一边闲逛。他开玩笑地说道，自己得赶紧回家，多写点东西，才能负担得起梅赛德斯的消费。由于依然对上次格林戈的事件无法释怀，我再次对马尔克斯表示了歉意（几年后，格林戈获得了普利策奖，作品的内容自然和墨西哥毫无关系）。

晚年时期的马尔克斯并未急于和公众分享自己的生活。在他的最后几次公开露面中，有一位记者强行将话筒推到了马尔克斯的面前。“如果我接受了你的采访，那么我就得应付所有人的采访了。”马尔克斯耐心地解释道。就如记者们经常受到的待遇一般，这位记者的请求被拒绝了。为了缓和气氛，马尔克斯对他说道：“我爱你，亲爱的年轻人。”

加西亚·马尔克斯于2014年辞世，在最后的几年时光里，大家都委婉又默契地描述他的病情为“健康状况下滑”。为了纪念这个日子，我拜读了他早期的一部作品，《世上最美的溺水者》，一个绝妙的关于艺术如何在最庸常的生活中闪光的寓言故事。当我在采访中告诉马尔克斯，我觉得这是他最伟大的作品之一时，那是仅有的一次我看到他吃惊的表情。然后他说道：“不过这是写给孩子们的故事。”

在墨西哥城的第二个夜晚，他带我们去了一家附近的餐厅。他告诉我们那里食物一般，但他相信我们会玩得尽兴。餐厅内部如同深邃的洞穴一般漆黑昏暗，墙上燃烧着火炬，桌面摆放着蜡烛。侍者们行色匆匆，却又和谐默契，镀银餐具比我以为的还要多。他们在桌边烤着一颗橙子，并在火焰上快速翻动着它来制作一种清甜的咖啡饮品。我的采访已经完成了，而此时我感觉自己有些晕眩，身体不由觉得轻飘飘。这一切就好像在加西亚·马尔克斯的故事中，他亲自将我们带入了他的作品，虽然那儿的食物，就如他之前说的，确实不怎么样。

“在您看来，哥伦比亚作家中，
谁的哪部作品最能代表现代文学的发展趋势呢？”

“《枯枝败叶》。”
没有丝毫犹疑，马尔克斯说出了自己的作品。

A NOVELIST
WHO WILL KEEP WRITING NOVELS

一位永不停歇的作家

采访者
阿隆索·安赫尔·雷斯特波

《哥伦比亚人报文学版》（*El Colombiano Literario*）
哥伦比亚，1956 年
由西奥·埃琳·巴柳自西班牙语译为英语

加夫列尔·加西亚·马尔克斯当下的名气应该算是家喻户晓，哪怕那些从未读过小说、只是看看报纸的人也熟悉他的名字。报纸刊登了《枯枝败叶》这部中篇小说，自出版以来好评如潮，热烈的反响足以让我们相信这是一部伟大的著作。小说的历史从此被划分为两个阶段，《枯枝败叶》之前，和之后。它超越了前人的一切成就。

加西亚·马尔克斯曾在《旁观者报》发表过一个有名的系列作品，他用一种独特的小说写法，讲述了一位叫做贝拉斯科的渔民的生活[1]。当得知他正在麦德林为该报刊做报道时，我们急不可耐地想前去采访他，希望能就他的创作、兴趣和阅读喜好问上几个问题。

一通电话后，我们于晚上七点，在努提巴拉酒店的大厅同《枯枝败叶》的作者，加西亚·马尔克斯见面了。当时他刚结束和自行车运动员拉蒙·奥约斯的对话，或者这就是他为《旁观者

---

1 该系列文章指的是加西亚·马尔克斯关于哥伦比亚海军舰队海难一事的描述，讲述了其中唯一生还者，路易斯·亚历杭德罗·贝拉斯科的故事，后来于1986年翻译成英文，以《一个海难幸存者的故事》为名出版。

报》所做的工作之一。

加夫列尔·加西亚·马尔克斯，真诚热情地邀请我们前往他位于酒店八楼的房间，我们立刻就爱上了这位作家。脱下外套，松了松领带，他已经准备好接受我们的采访了。

小说中的小说

“我们听闻您耗费了五年的时间完成《枯枝败叶》这部作品，对吗？”

“对，也不对……我在1950年开始了一部小说的创作，当时写的并不是后来出版的《枯枝败叶》。在这之前，我正忙于《房屋》一书的写作，我试图通过描述住在其中一代又一代人的生活，将它写成一部关于房子的历史书，或者说一部传记，毕竟房子本身，没有了居住者，并不能带动情节的发展。但是，在最初的小说中，我将房屋作为最主要的角色，而当中的住客是推动情节发展的‘动力’，为这栋房子注入了生机……最后我用了好几本笔记本才完成了写作，大概估算了一下，如果出版的话，会是一本七八百页的书籍……所以我打算减少篇幅……我删除了大概三四百页的内容……当我准备着手写新的篇章作为小说的完结时，我突然从原先的想法中获得了新的灵感。这样的突发奇想能带来全新的创作，于是我毅然选择跟随这份灵感。一开始，我设想的是《枯枝败叶》中的男孩会以独白的形式讲述完整个故事，但当我开始下笔时，我意识到需要再增加一个角色，也就是男孩的母亲，接着又有了陆军上校这个角色。如果不算那个被绞死的男人和在角色独白中提及的医生，那么在这部小说中出现的人物总数就是三个。这也是我为何将《枯枝败叶》视为一种即兴创作，我没有任何的计划，只是任由思绪和灵感左右我的写作。当然，我也试图想和福克纳在他的作品《我弥留之际》中一样，让所有的人物以内心独白的方法优雅地表达自我。也许因为他的作品中角色众多，为了读者能清晰辨别，在每一条独白前，他都加上了人物的名字。”

马尔克斯口齿清晰，语气坚定又不失礼节。在香烟熄灭后，他用桌上的电话帮我们叫了几份饮料。当他将可口可乐倒在杯子里时，他说道："除了每七年一次，我平常不喝酒！"

喝完汽水，他继续先前的话题："除了小说中展现出的某种现代倾向外，我很好奇是否有读者能理解并领悟其中的微妙之处……未曾想到这已经成为一件颇有意思的事情。我现在很期待有一位男孩能在《旁观者报》中读到我的文章，这样我就能问问他对于作品的看法，我也很希望了解司机、擦鞋匠、彩票商的想法……我相信大家会喜欢这部小说的……它会广受欢迎，也从而证明当代小说能赢得大众市场的赏识……任何一位《枯枝败叶》的读者都能从第一章节就感受到作者的良苦用心，他们被引导着去理解每一段对白，因此随时辨别到底是哪一个角色在说话并不会是一件难事……在作品的最后，作者留有空间，让读者自己去发现是谁在自说自话。"

"您花了多少时间完成《枯枝败叶》的创作呢？"

"大概一年，当然这不算我刚才提到的《房屋》一书的写作时间,《枯枝败叶》的灵感也正来源于此……但是，在我进行创作的那一年，我有一半时间待在巴兰基亚，而另一半时间则在卡塔赫纳，我还把所有的剩余时间放在游览海边小镇上，其中也包括瓜希拉省的那些城镇。有时我会忘记把包落在了哪个地方，但我永远记得创作的手稿在哪里……当我最终完工时，我将它寄给了位于布宜诺斯艾利斯的洛萨达出版社，一同寄去的还有卡瓦列罗・卡尔德龙的《倒退的基督》。最终会有一本得以出版，而他们选择了卡瓦列罗。在这之后,《枯枝败叶》的原稿在阿根廷放了有八个月之久。我写了张信条要回了这份稿件，信条中说道，我的作品需要读者的倾心投入，而你们的工作并不能与这部小说的文学水准相匹配……我寄往布宜诺斯艾利斯的原稿有三部分，篇幅大概是最终出版的两倍之多。但是，当我取回稿件时，它已经不是最初完整的版本了，我不得不从头再来……我删除了第三部分，这儿减少一点，那儿增加一些，最终呈现出的是截然不同的作品。当我终于和波哥大的人谈到出版事宜时，他们要求我上传一份初稿，哪怕当时我还想再减少一点章节。我请求延期一个星期，在这一周内我又删减了一百多页……在这五年的创作时间里，我意识到，哪怕我认为还有更多需要剔除的内容，但在这删删减减的过程中，总有一些东西就这么悄无声息地消逝了。所以你必须写很多很多，然后不断地剪切、修正，一本本的笔记本变得支离破碎，只有这样你才能有那么几页摆得上台面的内容……！也就是在这种时刻，那些在通往作家道路上，没有强大决心和意志力的人很容易就丧失了斗志，最终满足于仅仅只有一本书的'成就'……"

第二部小说

“你现在正在写第二部小说吗?”我们问马尔克斯。

“是的,”他回答道,“你看,我之前刚提到的那几百页,也就是《枯枝败叶》的标题由来,就像一部书中书;在将初稿交到出版商手上之前,我刚刚删除了这些篇章,而里面的任何一个角色都和《枯枝败叶》中的截然不同;他们是那么的格格不入,就连我都无法辨识他们是否曾经出现在那第一部小说中……当然,故事发生的场景就在陆军上校、他的女儿,以及他的孙子所在的马孔多镇……我喜欢这个设定,因为它让我觉得熟悉,我相信它有一种难以言说的魅力。小镇里发生的事情,最后到底如何,这一切都弥漫着充满诗意的神秘色彩……哪怕马孔多镇已失去曾经的模样……但我的第二部小说依然会采用和第一部同样的场景搭建,以后如果我还会写任何的东西,也将如此;所有的一切都发生在马孔多镇……但这并不是《枯枝败叶》的续集……这么说吧:在我的第二部小说中,有一些人物的住所相邻之处,正是摆放被绞死的男人尸体的房子……这些人,虽然也住在马孔多镇,受到同样背景的影响,但会遭遇和《枯枝败叶》里完全不同的问题;你看,同样的场景,不同的角色,两部小说可以各具特色……这也是为什么我相信我的小说可以算得上是‘风俗主义’,那些哥伦比亚的作家们其实也在和我做着同样的事情,就是在人物及风俗地方性的基础上,加上一点普遍性,这样,来自世界各地的读者都能在阅读过程中备感亲切……我认为《堂吉诃德》这部作品就可以很好地解释我对‘风俗主义’的理解……‘风俗主义’的每一部作品，于我而言，都是秉承同样的目的，以宏大的社会普遍性揭示着微妙的局部地方性。

“我的第二部小说过几个月就会出版，名字为《一周里的14天》。”[1]

文学与电影

当我们重新点燃香烟时，话题不知不觉就聊远了。马尔克斯侃侃而谈，我们拼命地想记下他说的每一个词，每一个想法，但这根本不可能。他的大脑里源源不断涌现的想法，变换成敏锐的句子跳脱而出。如果他真是这般能说会道，那他一定是位绝佳的聊天伙伴。

“我认为，”他继续说着，“小说应该有目的性……不只是得到读者的欣赏……它必须有着明确的目标，包含着作者的某些意图，并不只局限于‘被读到’而已……”他的这些话让我们不由地和他分享起了一些自己的想法。我们在跟着他一同进入电梯前，才刚刚得知回到欧洲后，他打算学习电影摄制。我们告诉他这一举动让我们想到了小说家库尔齐奥·马拉帕尔特以及律师安德烈·卡耶特。这些作家都想借由电影作为媒介，更为广泛地

1　1961年出版的第二部小说最终命名为《没有人给他写信的上校》。

传播自己的想法。这是因为电影属于大众文化，那些去电影院的人代表着当下最普遍的需求，而阅读书籍则不同，那是少数派的崇拜。借此我们提及了卡耶特的一部电影作品《被禁止的基督》，在其中我们不仅见识到了伟大的电影技术，也察觉出了导演想将某种理念传达给观众的意图。

前往欧洲的旅行

"是的，这正是我要去欧洲的原因，"加西亚·马尔克斯肯定地说道，"我下个月就将离开哥伦比亚，然后在法国用一年的时间来学习电影……这些天来，我已经在用导演的思维思考，而不是一位作家了，在书中我所能表达的东西，我希望在电影中也一样能呈现出来……你们刚才的想法完全正确……如果问我为何想要拍摄电影，那可能就是因为我希望自己的想法能得到更多人的理解……电影能帮我做到这点，因为人们更倾向于去电影院观看电影，而不是读书……但这并不意味着我就此停止写作，如果明天我有了写故事的灵感，我仍然会提笔写下——就如我之前所说，我的第二部小说即将完成了。"

"小说和故事相比，您觉得哪一个的创作更容易一些呢？"

"当然是小说。"他回答道。紧接着他又加了一句："容易太多了。"

"您出版的第一个故事的名字是什么呢？"

"我将它命名为《第三次辞职》，刊登在《旁观者报》的副刊

《周末报》上，由爱德华多·萨拉梅亚·博尔达进行编辑。”

“请问您最喜爱的作家是谁？”

“索福克勒斯……是的，索福克勒斯，记下来吧。另外，我认为《俄狄浦斯王》是一部伟大的关于谋杀之谜的作品。”

“为什么？”我们问道。

“因为到最后，侦探才发现真正的凶手原来是自己……”

“那么在您看来，哥伦比亚作家中，谁的哪部作品最能代表现代文学的发展趋势呢？”

“《枯枝败叶》。”没有丝毫犹疑，马尔克斯说出了自己的作品。这个答案其实在意料之中。再没有任何哥伦比亚小说能出其右；我们问这个问题只不过是想确认自己的想法而已。

学习，从来不该急功近利

“哪一位哥伦比亚作家，您认为最具职业素养？”

“这很难讲……因为在哥伦比亚，作家们从未意识到他们首先应该做的事情其实是学习写作……如果画家在作画前要学习如何使用画笔，那么作家就应在试图发表作品前，知道如何写东西……但是这需要牺牲、自律以及不断的努力，我们的作家就气馁了，他们觉得自己无法腾出如此大量的时间来学习写作……正因如此，最后，那些认为自己是作家的人从未开始过真正的学习，所以他们也就觉得自己没有作家的职业素养，最终止步于此。你们看，其实所有的作家都有话可说，有意欲表，但因为他们无从下笔，就只能闭口不谈。这就是现在的境况。”

“您是否认为我们的文学正在经历着危机？”我们问他。

“是的，毫无疑问，我认为目前我们就处于危机中，但我们也一定能安然度过。对此，我持乐观态度，因为我对文学的未来充满信心……不过我们的作家，如果真的称得上是作家的话，就应该开始学习如何写作了……否则我们将永远陷入危机中，无法自拔……”

“您对目前为止《枯枝败叶》收到的批判作何感想呢？”

“都还是很仁慈的嘛……”

“就您看来，本土报纸应该如何帮助年轻的作家们呢？”

“不要给他们太多的鼓励……不是真正的好作品，就不要发行。我们不用担心年轻作家投稿无门，当他们写出伟大的作品时，自然会有门为他们打开……”

电话响了起来，有人在说话，我们听到加西亚·马尔克斯请她再等五分钟，因此这场持续了两个小时的访谈很快就要结束了。在离开前，我们得知马尔克斯曾学过四年的法律，并在院系工作了六个月，但他完全不记得自己学过了些什么，因为课上所有的时间他都用来写故事了……

我们握住了他主动伸出来的手，当他和我们告别时，我们回以了一个礼貌真诚、发自内心的微笑。离开时，我们觉得《枯枝败叶》的作者性格果敢、充满活力，对于那些希望有此荣幸与他结识，并同其攀谈的人们而言，他的确担得起这些嘉奖和欣赏。

我必须真心实意地告诉你，在小说中，我已无话可说了。
我现在已经被逼到绝境，所以恐怕哪天起来，我就无事可做了。

POWER TO THE IMAGINATION IN MACOND

马孔多想象的力量

采访者

埃内斯托·冈萨雷斯·贝尔梅霍

《危机》（*Revista Crisis*）
阿根廷，1975 年
由埃莉·罗宾斯自西班牙语译为英语

据说，“列宁和披头士是20世纪最具代表性的人物”。那么你也可以认为加夫列尔·加西亚·马尔克斯，这个兼具二者特色的伟大作家，是拉丁美洲的重要标志。如果要以某种新的方式呈现对《百年孤独》的嘉奖，我会提出一点我个人觉得极为关键的理由：这部小说出版后，我们更强烈地意识到自己真实的身份所在，即，偌大的拉美马孔多中的一员。甚至基辛格，在其“傅满洲”式的煽动演讲中，也不得不提到这部小说。

一年多前的智利政变，用马尔克斯自己的话来说，对他是一次“个人的灾难”，从此他的人生里多了一份可贵的坚持：支持智利人民抗议政变（“什么时候他们开始革命，那我也就可以重新回归创作了”）。如果有人能证明文学和行动主义并非互相排斥，而事实上情况恰恰相反，那么这个人就是马尔克斯。

现在，当我们和他的妻子梅赛德斯一同漫步在斯德哥尔摩老城的街道上时，他在这个国家的身上闻到了“头等车厢的味道”，他观察到“瑞典人哪怕年纪轻轻，却已是一副成人模样”，最后他决定试试“老城区米开朗基罗餐厅的意大利面”，别无选择之下终于屈服于我的“层层逼问”。

“还是谈谈文学吧，”他几乎是恳求的语气，“我已经很久没涉及这个领域了。”但是，在简单谈论了《族长的秋天》、他的电影和电视作品，以及那些在他闲暇时间写下的数百个故事后，他又将成为那个重返拉美的马尔克斯，他会在充满想象的世界中去寻求和探索新的挑战，也会重新回到智利。因为当他一得知阿连德遭遇暗杀的消息，就立刻给“谋杀者皮诺切特”发送了电报。我们想着他的怒火是否已经平息，但他说道：“你看，过了这么长的时间，我心中的愤怒之火依旧在熊熊燃烧。”

贝尔梅霍 《族长的秋天》快出版了吗？

马尔克斯 在编辑那儿呢。应该四月出版。这本书总共四百五十页，相比起七百多页的《百年孤独》已经很少了。

贝尔梅霍 我们翘首以盼。奥内蒂[1]不久前曾提过，并且他不是唯一这么说的人，在您创作《族长的秋天》时，《百年孤独》这部作品一定给了您不少压力。

马尔克斯 每位作家都在力所能及的范围内，努力创作自己的作品。《族长的秋天》这本书对我来说，比《百年孤独》更难写，因为我觉得每一本书都会比上一本来得更具挑战；文学就是一次比一次复杂的过程。

贝尔梅霍 为什么？

1 胡安·卡洛斯·奥内蒂（Juan Carlos Onetti，1909—1994），乌拉圭著名小说家。

马尔克斯 因为每一本书都是作者又迈向前的一步。

贝尔梅霍 更确切地说，在《百年孤独》这一大步迈出去后，下一部作品还真是鞭长莫及。

马尔克斯 就我个人感受，《百年孤独》并没有比任何一部来得更超前。我在《没有人给他写信的上校》这本书上下的功夫和《百年孤独》是一样多的。之后的很多年，我经常听到有人说我再也写不出同样的作品了。我并不认为一部作品一定会比上一部好或是差，我只是想迈出那一步而已。

贝尔梅霍 奥内蒂曾说您大可不必给《族长的秋天》任何区别于《百年孤独》的待遇。

马尔克斯 但是这本书的主题值得我这么做。

贝尔梅霍 那么，我们就来谈谈其中的主题吧。

马尔克斯 许多人都说《百年孤独》是拉美历史的缩影。即便如此，那也是不完整的历史，因为其中没有提及权力的问题。而这正是《族长的秋天》中所关注的重点。我想我们还是换个话题吧，反正你很快就会看到这部作品的。

贝尔梅霍 容许我再问一个问题：在写这本书时，您从权力中发现了什么呢？

马尔克斯　许多东西。当你在写一本书时，你无时无刻不在思考着这件事情。并且我写出来的书，也是我自己会去读的作品。

我书中的族长总是说权力就是“一个生机勃勃的周六”；他从未意识到自己到底拥有的是何种权力；他每天为了权力而斗争，但最终他说：“去他的，这个国家的问题就是根本没人在意我。”

贝尔梅霍　这位族长多大年纪了？

马尔克斯　没人知道；总归是很老吧。

贝尔梅霍　请和我聊聊这本书的结构吧。

马尔克斯　我可以告诉你的就是这本书没有任何沉闷的时刻，情节紧凑，一气呵成，有几次我意识到自己疏漏了某些东西，都很难找到有什么地方能再插入这些细节。

贝尔梅霍　所以只有一条主线吗？

马尔克斯　有六条，但是并不难读懂；你很快就能看到了。

贝尔梅霍　就这部作品而言，您对读者有何期待吗？

马尔克斯　《百年孤独》讲述的是日常琐事；我认为这或许是人们对此感兴趣的原因。我不记得是谁曾说过，《百年孤独》是拉美人的“闺房”，是私生活的真实写照，而这也是其中极为吸引读者的一个要素吧。《族长的秋天》可能更小众一些，因为它探讨的是权力的问题，就我论及的层面，我不认为这会是大众喜爱的话题。其实你只要细想，就会发现权力无处不在，无论是在家中、在工作场所还是在出租车上，都是如此。

贝尔梅霍　书中关于权力最为核心的理念是什么？

马尔克斯　那就是个人权力的毁灭性；如果独裁不奏效，那么留下的就将是它的对立面：集体力量。让读者们自己去解读吧，我已经告诉你太多了。

贝尔梅霍　那么这部作品之后呢？

马尔克斯　我必须真心实意地告诉你，在小说中，我已无话可说了。我现在已经被逼到绝境，所以恐怕哪天起来，我就无事可做了。我现在正在找工作呢，你有什么好推介吗？

贝尔梅霍　彼此彼此。

马尔克斯　在找到工作前，我现在正和巴西导演鲁伊·格拉一起，改编一部名为《出售奇迹的好人布拉卡曼》的电影。我们发现这个故事为我们提供了一个绝佳的电影视角，讲述从西班牙的入侵到北美帝国主义下的加勒比海的殖民情况。

贝尔梅霍　我听说您也正在和弗朗西斯科·罗西[1]合作。

马尔克斯　是的，我们这几年都在做同一件事。他和我是老朋友了，电影之外，他也会来巴塞罗那看我，或者我去意大利见他。我觉得我们已经快成功了；我现在能提前告诉你的就是这会是一部有关政治的电影，一部关于帝国主义的真实表述——反正至少我们是这么认为的。

贝尔梅霍　还有什么影视作品吗？

马尔克斯　要说电视的话，我不是很满意他们对《恶时辰》中“暴力时期”[2]的机械处理。我现在获得了一个对于作家而言难能可贵的机会，就是可以再重新尝试一次。既然我有时间获取一些想法，我希望它们是足够成熟的，所以我打算为哥伦比亚电视台进行小说的改编，总共是二十个小时的剧集。那些午后三点织着毛衣的小老太太们将会看到关于哥伦比亚内战的一些东西，这会对她们有帮助的，也希望其他人都能有所收获。

1　弗朗西斯科·罗西（Francesco Rosi，1922—2015），意大利导演，20世纪60年代至70年代意大利影坛的主要人物。他导演过的作品有《基督停在恩波利》和《事先张扬的杀人事件》。

2　“暴力时期”指的是1948年至1958年期间，发生在哥伦比亚保守党派的支持者和自由党派的维护者之间的内战。这是一场血腥残忍的冲突，二十万人因此丧生。

贝尔梅霍　那么故事呢？

马尔克斯　我有一百个想法，我离开智利之后的每一个时刻里都有太多值得写下的东西。

贝尔梅霍　您在罗马就拉美革命者需要反思这件事做出的评论让我震惊，您说他们需要的是更多的想象力，而不是英雄主义。

马尔克斯　在多年的思想僵化、囫囵吞枣后，拉美需要想象力；右派早已熟知我们的伎俩。

贝尔梅霍　作家在这件事情上的作用是什么？

马尔克斯　现在需要做的就是下定义，有些概念相互矛盾，和现实毫无关联。我认为作家的政治角色受到每一时刻社会背景的影响。当谈到政治工作时，作家喜欢做一些切实可行的事情。在古巴革命期间，我应该做得不错，因为之后人们总是说："你应该在这儿工作，和我们一起在前线。"我想我在支持古巴革命上竭尽了我的职责，就如同我现在支持智利人民起义一样。智利民众能够邀请我和他们一起工作，这是我的荣幸，是对我极大的赏识。而我会带着作家所具备的庞大政治资本，为智利的起义服务。

贝尔梅霍　支持智利人民的工作现在取得成果了吗？

马尔克斯　我们不会给智利军队任何喘息的机会，而我们也确实做到了。我们已经向全世界公布了他们的丑恶嘴脸，他们所做的每一件事，不过都是在给自己抹黑。我们要做的只是让这一切公之于众而已。

你说成果？我想应该是我们让智利政府成为世界上最臭名昭著的政府了。哪怕是那些和智利军队合作、试图在背后帮助他们的政府，也要想方设法地隐藏自己的存在。皮诺切特自己也十分恼怒于这种“国际上对他行为的不认可”。

我们知道自己所做的事情对于解决智利的根本问题不足一提，但这是给予国内反抗力量的强大支撑，而他们正是扭转局势的关键。

贝尔梅霍 早前我看到有记者问您觉得哪一个拉美国家在未来最有可能兴起革命，我能想象那位记者听到您的回答后吃惊的神情，因为您说的是智利。

马尔克斯 是的，在发生了所有这些之后，智利有着最具组织、最活跃的工人运动，有着来自国际上的广泛支持和理解，并且左派现在是前所未有的团结。试问哪一个拉美国家具备所有的这些条件呢？

贝尔梅霍 智利政变至今已经有一年半的时间了，现在的军政府都做了什么呢？

马尔克斯 争名夺利，打压异己，除了通货膨胀率上涨百分之两千，以及在武器上耗费了五亿美元外，毫无作为。

贝尔梅霍　很明显，他们一直以来都从未获得过支持。

马尔克斯　甚至愈发遭到孤立。在政变当天我发送给智利军队的电报中，我已经提到了这一点，一些最根本的东西正在发生改变，而“智利人民永远不会允许一群被北美帝国主义豢养的罪人来领导他们”。

贝尔梅霍　好的，那我们就来谈谈这份电报。

马尔克斯　当我得知阿连德遇害后，当时是波哥大的晚上八点，我立刻写下了这份电报。我的朋友觉得这读起来就像小孩子故事书里发生的事情，但这不是我的原因，因为事实就是如此。我想在自己的怒火还未熄灭前完成这份电报，而你现在也看到了，都过去了一年之久，我依旧没能平息自己的愤怒。

贝尔梅霍　雷吉斯·德布雷曾在不久前告诉一位墨西哥记者，他不知道应该在拉美做些什么，但他很清楚在战场上哪些事情是不可为的。您也有同样的感觉吗？那么有哪些事情是不能做的呢？

马尔克斯　拉美左派的分歧自始至终都是斗争方式上观点的不同。另外有些左派联盟是站在苏联这一边，而有些则是和中国一起。这是分歧的源头，对此，我们必须谨慎待之。

抗争的方式无法机械刻板地决定，更无法提前获知；会提早发生的是革命运动会从每个国家的文化和政治实体中积蓄政治力量。

而他们各自不同的境况则会决定其最佳的抗争方式，每个国家也将不尽相同。我想说的就是格瓦拉在玻利维亚的战败并不代表武装起义的根本落败，而智利“人民团结阵线”的瓦解也不能表示选举途径的失败。

贝尔梅霍　分歧的其他原因是什么?

马尔克斯　在我看来，革命运动不应在乎支持谁与否；他们也不必在乎那些不赞同他们的国家。这不过都是那些喜欢说着没有国家、我们什么也不是的人遗留下来的老旧殖民心态而已。这种想法并不是国际团结的对立面；完全不是。我只是想说，别被教条主义牵着鼻子走。

贝尔梅霍　在另外一次访谈中，关于革命，以及如何开展革命，您都似乎言有所指。

马尔克斯　我都不知道是谁妄图说服我们——那些想要发动革命的人们——革命就是场充满血腥的末日灾难。我们必须明白的是反对革命才会带来这些可怕的结局。你也看到了：在智利军政府的领导下，三万多人因此丧生，上千人遭受牢狱之苦，还有上千人受到残忍折磨。

我对于革命的观点就是它是一种通过集体的力量来寻求个体幸福的方式，而这也是唯一合理存在的幸福。

我们要对拉美的殉教运动说不。革命的意义在于生，而非死。革命让全世界的人们能够过上更好的生活，喝上更美味的红酒，开上更好的车辆……物质的富足不只属于资产阶级，那是我们人类共有的财富，只不过被资本家偷去了而已；我们要取回属于自己的东西，并且分配给每一个人。

革命并不一定会带来死亡；革命也不是灾难的象征。

贝尔梅霍　但是流血恐怕在所难免。

马尔克斯　也许是这样。但是如果革命会带来流血牺牲，那么这也是反对革命的人们所造成的。我们要明确的是责任在谁，而正是之前的误解让我们的母亲为此恐慌。我的妈妈不能理解一个害怕拍死苍蝇的我是怎么成为一名革命人士的。而我想告诉她，正因如此，我才能参与革命：只要没有革命，我就会永远生活在恐惧之中，恐慌未来的哪一天我不得不杀死一只苍蝇。

贝尔梅霍　您已经成为了一名强大的政治人士，甚至得到了基辛格的关注。他在一次和国际外交官的会面中提及一本书，说到虽然他无法苟同作者的政治观点，但是书中的人性价值观令他十分震撼，同时他也表示希望拉美不要再次陷入“百年孤独”之中。您对此作何看法？

马尔克斯　我想我应该谢谢基辛格的澄清，如果他不这么说，人们还要以为我和他在政治观点上不谋而合呢。

但是我必须告诉你一件事：我的一位友人曾询问过基辛格身边的亲近官员，对于基辛格而言，他是否会对在演讲中所提及的作家一直未能得到进入美国的许可这件事情感到奇怪。在之前十二年的时间里，我无法获得美国签证，这应该是出于我为古巴拉丁美洲通讯社工作的原因。后来他们给了我为期两年的签证，而现在他们又将我拒之门外。我想理由不言而喻：我在积极地支持智利人民的抗争。

贝尔梅霍　他们一定是担心您接下来会采取什么行动。上一次，您将于俄克拉荷马大学海外图书奖上所获得的一万美元全数用于保护古巴政治犯，说到这儿，我想问的是您的诺贝尔奖打算用在谁身上呢？

马尔克斯　我的妻子支持我对于奖项的捐赠，但是她也告诉我下次要记得她还有孩子们。所以我会把下一个奖项给她。你知道为什么吗？因为我坚信她会将这笔奖金用在合适的“政途”上。

新闻才是我真正的职业。它让我学会脚踏实地工作。
否则我就像个气球，漂浮不定。
新闻让我稳稳扎根于现实。

A STAMP
USED ONLY FOR LOVE LETTERS

一枚情书专属印章

两次专访采访者

大卫·斯特赖特费尔德

墨西哥城及华盛顿，1993 年和 1997 年

我和加夫列尔·加西亚·马尔克斯的首次访谈始于1993年的年末，地点就在他墨西哥城的家中。那时，他刚刚完成了《爱情和其他魔鬼》的写作，该书的西语版于来年出版，并在1995年译成英文面世，这是一部精简短小却意味深长的著作。自那之后，马尔克斯开始构思系列自传作品，但只有第一章，也是其中唯一的一章，在2002年问世。他当时正从第一轮癌症的治疗中恢复，此次患病加重了他的抑郁症。我们的对话在紧邻主屋的小房间里持续了两天之久。这里曾是马尔克斯的书房和办公室，也是他的"避难所"。没有浮夸铺张的装潢，简单而舒适，当然也十分温暖。

马尔克斯 （指着我的录音机）我们非得用这个吗？我讨厌这玩意儿。它虽有耳朵却没有一颗愿意倾听的心灵。你完全可以记笔记。

斯特赖特费尔德 我写字很慢，只能借助它的帮忙。否则这次访谈可能要持续到下个星期了。

马尔克斯 那好吧。很抱歉我不会英语。我这一生最大的错误就是没有好好学习英语（做举手投降状）。随便问我什么都可以。

斯特赖特费尔德　听说您最近被检查出了肺癌。

马尔克斯　是的。不过医生判断我的预后良好，肿瘤是良性的。哦，应该说是恶性的，只是没有扩散。医生给了我很多信心。我也总是和他们说，万一有什么不幸发生在我身上，请别告诉我。所以现在他们给我的感觉是一切都挺好的，而我也不知真假。检查结果依旧吓人。他们或许还会发现些其他什么的。我最近的一次检查是在星期三。星期六我就紧张起来了。星期天我想我可能要死了。

斯特赖特费尔德　那星期一呢？

马尔克斯　我把检查推后了。

斯特赖特费尔德　癌症有影响到您的工作吗？

马尔克斯　我明显比原来着急多了。我曾经总是说："我可以在接下来的二十或三十年完成这份工作。"但现在我知道也许没有下一个三十年了。但每当我坐下来工作时，我都试图去克服这份急躁，因为仓促而匆忙的创作一眼就会被识穿。无论如何，使用电脑对我的改变其实比癌症更多。我用电脑完成的第一部小说是《霍乱时期的爱情》。我猜这应该也是迄今为止用电脑撰写的第一部西语小说。

原先我在打字机上写好初稿后，会把它交给打字专员，请他整理出一份版面清晰的文档。看到全新的稿件是件令人兴奋的事，只是整个过程要等上好一段时间。现在，有了电脑，我只需要不断地重写，周而复始地修改，事情变得简单多了。你当然可以一直改下去。但最终效率还是提高不少。事实就是我之前每七年才能完成一部小说，现在呢，只需要花两年时间就够了。

斯特赖特费尔德 所以您现在依旧有时间做新闻报道。

马尔克斯 新闻才是我真正的职业。它让我学会脚踏实地地工作。否则我就像个气球，漂浮不定。新闻让我稳稳扎根于现实。有趣的是，随着时间推移，我发现小说和新闻的技巧其实是可以融会贯通的。文学和新闻的本质都来源于它的可信性。人们经由细节而被说服。他们总是说，“没错，就是这样”——哪怕这根本就是错的。我的最新作品讲述的是一件发生在卡塔赫纳的传说，但全篇有非常多的新闻报道。我一直在搜寻细节，一旦找到了它们，那么一切都顺理成章。

斯特赖特费尔德　您所做的大量研究令人称赞，但同时大家似乎也熟知您不会把这些研究公之于众的习惯。

马尔克斯　我还在搜寻一些资源，来帮助我了解梵蒂冈图书馆的工作，同时关于中世纪药物的某些信息，我也需要再次核查。这就是为什么我必须阅读这些书籍。当我看到海明威在古巴的书房时，我就可以立刻判断出他的工作。一名小说家必然要有求知若渴的精神。

斯特赖特费尔德　同时又要保有不显山露水的神秘。

马尔克斯　是的。当你完成一部小说后，就应该把所有的草稿和笔记全部销毁。就像魔术师永远坚守着魔术的秘密，而作家亦是如此。

斯特赖特费尔德　（开始流汗）看来您应该比较怕冷，对吗？

马尔克斯　是的，寒冷让我无法思考。除了这栋房子，我在波哥大和卡塔赫纳也有一间公寓，同时在库埃纳瓦卡、巴黎和巴塞罗那各有一所住宅。我的朋友总是笑我，因为它们看起来都一模一样，全是一片白色。在每个地方，我的电脑是一样的，温度设置是一样的，我喜欢加勒比海的温度。哪怕明天我就要出发前往巴塞罗那或波哥大，我也只需要随身带上自己的磁盘，随时可以走人。

斯特赖特费尔德　为什么非得是白色呢，蓝色可以吗?

马尔克斯　如果来访者注意到脚下是白色的地毯，他们会立刻在入门的地垫上清理干净自己的双脚。如果不是，他们根本不加理会。

斯特赖特费尔德　您出生于1927年吧，虽然也有说法提到是1928年。

马尔克斯　在我的家乡，当时是没有那些出生证明的。我到了三岁才接受了洗礼。我的父亲说我是1927年出生的。而我的母亲则说:“让他自己来决定何时出生吧。”很明显，我母亲应该是新新闻主义的忠实践行者。

斯特赖特费尔德　不管怎么说，您还不到七十，依然很年轻。

马尔克斯　人到底是何时开始意识到岁数的增长，其实是件很有趣的事情。我一开始是忘记对方的名字和电话，然后这种情况发生得越来越频繁。我之后甚至连一个单词、一张脸孔、一首旋律都想不起来。

斯特赖特费尔德　听起来让人不禁有点担心啊。

马尔克斯　我已经不再去忧虑这类事情了。年华逝去，青春不再，对每个人而言是必经的过程。因此，我打算着手撰写一本关于老去的书籍。

斯特赖特费尔德　我听说您在洗澡时最能迸发灵感。

马尔克斯　没错，确实如此。我每天从早上九点一直工作到下午两点半。这正是我孩子上学的时间。但我发现除此之外，那一整个下午和晚上，我还是在不停构思着故事的情节。我意识到自己哪怕是在睡觉时都在想着我的小说。而这导致我起床时筋疲力尽，思绪枯竭。所以从我关上电脑的那一刻，到第二天之前，我都决定不再去想写作的事情。

我一直在试图建立一种运动员的训练机制——我吃得不多，每晚只喝上两杯威士忌。早上第一件事就是重读一遍昨日写下的东西，这样我就知道今天接下来的安排是什么。然后开始着手一天的工作。我相信灵感，但我所说的灵感不是那种浪漫层面上虚幻而缥缈的东西，也并非来自圣灵的指引，更多的是我和想写的东西间的一种内在交流。等我去洗澡时，想法就自然涌现了。

斯特赖特费尔德　这听起来很有效率。您洗澡一般花上多长时间呢？

马尔克斯　大概十分钟吧。但我希望还能再高效一些。我想有个人能发明一种药丸，吃了它之后，你就已经洗好澡也刷好牙了。每天这些“例行公事”的程序真是枯燥而乏味。

斯特赖特费尔德　获得诺贝尔奖后，您是否可以摆脱一些日常琐事呢？

马尔克斯　获得诺贝尔奖唯一的好处可能就在于我不需要排队。一旦他们注意到你在队伍中，就会邀请你直接站到队伍的最前面。

斯特赖特费尔德　仅此而已吗？

马尔克斯　享有名气就好像操作大型喷气客机，是很精细复杂的活儿。当然，我也没什么好抱怨的。诺贝尔奖是尊严的某种象征。因此在那些挑剔你的人面前，你无法再直言不讳。幸好我的妻子梅赛德斯能帮助我纾解内心的苦闷。这是全天下所有妻子擅长的事情。

《百年孤独》的出版改变了我的生活，当时我发现一位友人将我的信件卖给美国的一间图书馆。自此之后，我就不再写信了。名气对我的个人生活来说是一场灾难。就好像你可以通过周围众多的人群来感知自身的孤独一样。围绕你的人越多，那种渺小感就愈发强烈。

斯特赖特费尔德　自《百年孤独》于1967年引起轰动后，您就已步入大众的视野。现今已有数十年之久，您应该早已习惯了吧。

马尔克斯　我之前略有名气，但鲜少有人留意。诺贝尔奖过后，一切截然不同。我曾经有件非常想做的事情：驾车到哥伦比亚的某个小镇，下车去写一篇关于这座小镇的报道。但到了第三天，我很快意识到，哥伦比亚所有的记者都聚集在那儿看着我做这件事，我，变成了新闻本身。

斯特赖特费尔德　所以您现在是回首过往，开始撰写回忆录了吗？

马尔克斯　威廉·福克纳说过一句令人记忆深刻的话：作家最好的住所就是妓院。那儿夜夜笙歌，而最适合工作的清早则一片祥和，并且你和警察的关系永远处得不错。年轻的时候，我曾住在巴兰基亚一家便宜的小旅馆里，妓女们总是在那儿接客。那是当时城里最廉价的旅店，却教会了我很多东西。我还在那儿见到过某位官员，哦，不，应该是听到过他在走廊上的声音。

福克纳说得确凿。在那儿生活的确十分惬意。每天清晨的早餐都十分丰富，而我每次都饿极了。我还依稀记得当时是1950年。前台的收银员是个非常瘦的男人，瞎了一只眼睛。那时开一间房的价格是一美元，而我从来没能连续两个晚上住在同一个房间里。我曾和他们说过我没钱，是个收入微薄的作家和小说家。

我曾给收钱的那个男人看过我的手稿，当时我在写自己的第一部小说《枯枝败叶》，我告诉他："这是我的命，这比任何东西都重要。我把它留给你，明天我一定会回来取的。"他答应后，就把手稿放在了架子上。从那天起，只要我没钱了，我就用手稿来做抵押。

斯特赖特费尔德　就是从那时开始，您第一次接触到福克纳和海明威的作品吧。您常常提到自己在他们身上所学到的东西。

马尔克斯　当小说家读到其他小说家的作品时，他们会把这部作品一一拆解开来，就好像对待一部机器。在教你如何写小说这事情上，没有什么比阅读另外一本小说来得更有效了。

斯特赖特费尔德　福克纳还赋予了您其他的品质，不论是他所在的密西西比，还是您的家乡哥伦比亚，都带着加勒比海的自由狂野。

马尔克斯　我是来自沿海的人，而非波哥大那样的内陆地区。在波哥大，住着的是官员，都是些严肃的人。而海边属于海盗和冒险者。西班牙、非洲还有印度等多样的文化在此交融。我相信世界上还有很多地方像这儿一样，充满着神秘和惊奇，只是大多数人们没有发现而已。现实就是如此神奇，并没有任何虚幻的成分，就是纯粹的现实而已。我认识一位来自哥伦比亚小镇的女士，她读完《百年孤独》后对我说："我不喜欢这本书。你要是和我们一起，你会看见和体验比书中描绘的更精彩的东西。"

斯特赖特费尔德 在您的短篇故事《睡美人的飞机》中，一位乘客注意到了一名漂亮的女士，他问身旁的售票员是否相信一见钟情，他得到的回答是："当然，除此之外，爱情就再无其他可能。"

马尔克斯 是的，这就是我的观点。爱情的关键就在于如何持久。我喜欢借用一位巴西作家的话：爱情只要存在就是永恒。

斯特赖特费尔德 您来自一个大家族，我记得您有十一个兄弟姐妹。相信这对您有多方面的影响。而且您还有两个儿子。

马尔克斯 你知道我们为什么没有再要更多的孩子吗？因为我们曾担心无法好好教育他们。而当我们有这个能力时，梅赛德斯又觉得自己年岁已大。所以我要告诉所有的新婚夫妇们，想生几个孩子就生吧。最终，你们总有办法养活他们的。

斯特赖特费尔德 您是卡斯特罗的挚友，他也是一位极具争议的朋友。您曾经描述他是一名传奇人士，每天要阅读五十份报告，可以连续不断地接受十七个小时的采访，在午餐后还能吞下十八个冰淇淋球。算不上野性的话，他也是一个拉伯雷式狂放不羁的人物了。

马尔克斯 初识他时，我还在为古巴拉丁美洲通讯社工作，几乎是四十年前的事情了。当他还是个默默无闻的小人物时，我们就已经是朋友了。我们当时都坚信拉美的救赎正要到来，而阻碍的力量则来自拉美之外。拉美地区的命运和美国紧密相连，就好像同坐在一艘横跨大西洋的远洋班轮上一般，虽然有头等舱、二等舱和各种各样的舱位，但哪一天船翻了，每个人都可能溺水身亡。美国能尽早意识到这点，那么对每一个关心彼此命运的人来说都会是欣喜的消息。

斯特赖特费尔德 您和卡斯特罗的关系到底多好？

马尔克斯　只要有时间，他每次都会来我在哈瓦那的房子看我。我们无话不谈，甚至是国家机密。

斯特赖特费尔德　人们都说您应该担任哥伦比亚的驻古巴大使。

马尔克斯　如果是这样，他就不能前来我的住所了。除此之外，我不是个合格的大使。所以他们要是邀请我，我也会拒绝的。我这一生都在传播和普及文化，我想这就足够了。

斯特赖特费尔德　我听说您和卡斯特罗在文学上也有联系。

马尔克斯　是的，我们彼此契合，有着十足的默契。我们共属文学的一部分。他是一位优秀的读者。我带上一些简单易读的书来帮他放松。《吸血鬼德古拉》是我推荐他阅读的第一本书，他特别喜欢。

斯特赖特费尔德　一些评论家批判您结识政客这件事，觉得这对您的写作并无帮助。

马尔克斯　当我开始从事新闻工作时，每个人都说："你完蛋了，因为那会耗费你所有的时间，而你再也不可能写小说了。"而这一切都不过刚刚起步而已。1963年，我还做过一段时间的广告，那时他们也说了同样的话。然后我又着手拍电影，接着我还开始谈论政治。

斯特赖特费尔德 很多人都对您和卡斯特罗这个联盟持有批判的态度，卡斯特罗并不是一个人权主义的拥护者，当每次有请愿书要求卡斯特罗做什么事情的时候，您的名字从来没有出现在上面。

马尔克斯 我认为当人们在签署这份请愿书时，他们只不过是在虚张声势而已。他们从不真正关心政治，而只是自私地想着自己，思量着公众是如何看待他们这份请愿书的。

斯特赖特费尔德 您现在的成就无人能及，那么为什么还要继续写作？

马尔克斯 我记得是里尔克曾说过："没有写作能生活下去的话，那就试试吧。"我热爱写作胜过这个世界上所有的事情，没有什么能阻止我继续写下去。这就是我的理由。我想我一直不停地在写，也是因为惧怕死亡。如果我就此停笔，那我很快就会死去。

斯特赖特费尔德 既然您一直想到死亡这个话题，那么您有设想过自己的葬礼吗？

马尔克斯 如果我能控制的话，我希望葬礼上只有我的妻儿。我倾向于火化，就是这样。但很不幸的是，我知道最终它会像故事中的格兰德大妈一样，连续七天的葬礼仪式，总统、最高法院还有教皇都会来参加，还有那些曾经的选美皇后以及准选美小姐们。

四年后，当他来到华盛顿时，我再次有幸见到了他，这是一次他在美国难得的公开露面。他暂时从回忆录的写作中抽身而出，来宣传他的纪实小说《一起连环绑架案的新闻》。这部小说讲述的是毒枭巴勃罗·埃斯科瓦尔同哥伦比亚政府之间的抗衡。写作的内容基于多次细致的访谈——访谈的对象不是巴勃罗，因为他已于1993年被击毙——整部小说的研究和写作耗费了三年的时间才得以完成。我们一同前往一家咖啡书店，在那儿，马尔克斯的书籍堆成了小山，但没有人留意过真正的作者就在现场。

马尔克斯 你写的那篇关于我的文章，通篇都是死亡的话题。年轻人总以为老人随时可能会死。但他们不知道年轻人的死亡率其实更高。

斯特赖特费尔德 我觉得这是逻辑问题，但是没关系。我们来谈谈哥伦比亚吧，哥伦比亚似乎正在走向自我灭亡。

马尔克斯 当我不在哥伦比亚时，我从不谈论哥伦比亚的政治。

斯特赖特费尔德 好的。那么总统克林顿是您的忠实粉丝。今天稍后的时间里，你们将要会面。打算做什么呢？

马尔克斯　当我在美国时，我绝不谈论美国的政治。

斯特赖特费尔德　所以死亡是唯一消极的话题吗？

马尔克斯　我能说的就是我将《一起连环绑架案的新闻》的早期版本寄送给了克林顿。他在当月的十六号收到。五六天过后，我收到一封来信。上面标注的日期是十七号。在信中他说这本书他一口气全部看完了。他还提到："谢谢您预言了我的当选。"

斯特赖特费尔德　我猜想这应该是因为您曾经说过，如果再次选举，克林顿会成为这个国家最伟大的领导者之一。您当时是在恭维他吗？

马尔克斯　我说他会成为一名优秀的总统，而我现在依旧认为他有这个潜力。

斯特赖特费尔德　在《一起连环绑架案的新闻》中，您是这样描述埃斯科瓦尔的："他雇人整天用他的电话进行疯子般的对话，让窃听内容变成繁杂的胡言乱语，这样真实的信息就无法被辨认出来……，（或者他会）坐上一辆带着伪造车牌和伪造标记的小型公共汽车，汽车会沿着常规路线行驶，但不会在车站停靠，因为车上坐满了车主的保镖。对了，埃斯科瓦尔的一项娱乐就是偶尔充当一下公共汽车的司机。”[1]

在《族长的秋天》中，那位疯狂的统治者将大海卖给了外国佬，而他们“将大海拆分成了好几部分，在亚利桑那州血红的黎明中，将其带离了飓风地带”。而埃斯科瓦尔虚幻得就像这样一般，有关他的一切是真实的吗？

马尔克斯 真真切切。我有一名记者朋友，他曾坐在那辆巴士上。不论我是报道新闻还是撰写小说，我都在描述同样的事实。现实中的一些事情我甚至不会用在我的小说中，因为人们不相信。埃斯科瓦尔的随从是一股隐藏的力量，影响着这个国家每天的日常生活，但从没有人真正留意过他们，甚至有些人还怀疑过埃斯科瓦尔的存在。

斯特赖特费尔德 当哥伦比亚瓦解了，又再次有人呼吁其最为知名的公民来接管这个国家。

马尔克斯 当一个国家需要领导者，人们会从新闻中去找，他们认为任何一个出现在其中的人都能胜任。网球冠军可以当总统，甚至巴勃罗·埃斯

---

1 译文出自《一起连环绑架案的新闻》，南海出版社，林叶青的译本。

科瓦尔都曾认为自己应该成为总统。

斯特赖特费尔德　关于您有太多的谣传，有时这些言语不太友好。有传闻说埃斯科瓦尔给您钱让您为其写书。

马尔克斯　这个故事够愚蠢了，我比他有钱多了。

斯特赖特费尔德　他可是亿万富翁。

马尔克斯　好吧，我不是有钱人，我只是有点小钱的穷人而已。

斯特赖特费尔德　也有人在报道中声称您不会回到哥伦比亚，除非桑佩尔总统还有他那些贪污腐败的亲信一同离职。

马尔克斯　我从来没这么说过。事实上，我就是从哥伦比亚来到这儿的。我当时说的是，我想一直待在那儿，不再离开。但我后来发现政局和社会境况都愈发紧张，使我无法安心写作。

所以我才去了墨西哥，而媒体就将我的此番举动解读为只要桑佩尔还在担任总统，我就不会回去。对我而言，如果一个国家执政的总统需要我为他表忠心，我才不会回去，这我做不到。

斯特赖特费尔德　20世纪70年代，一直有广泛报道说您在皮诺切特于智利执政期间都不会进行写作。而他当政了十七年之久。

马尔克斯　我从没想过他可以在位这么久。哪怕你不相信，但我的的确确是个现实主义者。时间证明我是错的。我当时做的事情就是让皮诺切特阻止了我继续进行写作，这意味着我臣服于他的监管和审查。我做出了牺牲，而这些是在他管辖下的智利人都无法做到的事情。

斯特赖特费尔德　难怪在公众面前您都尽量保持缄默。但总有人曲解您的意思。

马尔克斯　我总觉得有些话不是我说的，又或许确实是我。我是个完美主义者，要求用词精准。如果找不到恰当的词语，我会变得非常暴躁。曾经在写《迷宫中的将军》时，有三个月时间我一直停滞不前，就是因为我找不出合适的形容词。后来我想到了一个词，就是“aulico”，意思是“和法庭或宫殿相关”，但最终我并没有用到这个词。

斯特赖特费尔德　谈到引用，最近在《巴黎评论》中有一段关于您的描述，是一位曾经参加过您在卡塔赫纳开办的写作学校的学生所写的。她引用了您的话：“写作从不因困难而停止。双眼盯着空白的页面，内心的焦虑和面对性时所产生的焦虑是一模一样的，你会一直设想这到底可行吗。这样的苦恼，它永远存在。”

马尔克斯　写作遇到瓶颈是常有的事情，但我读到过关于海明威的一段话，其中写到他有时会在一页的中途停笔，以便第二天可以由此开始。我发现这确实有用。那个学生的话出自她在一次工作坊上做的笔记，培训为期一周，想引用正确的确很难。我并没有那种写作上的焦虑，在性事上也没有。

斯特赖特费尔德　也许我本不该提起这件事。

马尔克斯　这让我很愤怒，因为我的工作坊的其中一个条件就是记者要有一定的职业道德。我要求这些学生不能将工作坊的事写成一篇文章。所有人都答应了。

但这位在《巴黎评论》上的学生显然没有遵守约定。她写出了这段，其他学生看到后纷纷向我抱怨。她本可以写成一篇评论文章，介绍一下这个工作坊到底如何，但是她所做的就是转录，这是当记者最容易的一条捷径。

斯特赖特费尔德　我喜欢来自《巴黎评论》的另外一条引用，其中您告诫一些喜欢写长句的作家，要懂得使用

"呼吸逗号"。

马尔克斯　我觉得所有的文学文本就像催眠。节奏和韵律极为重要，不能停止，不能重新开始，因为一旦这么做，你的读者就会离开。有太多的书籍在等着他们。任何的阻碍都会致使他们去选择其他的读物。逗号是个语法符号，但是我把它用作一种呼吸的手段。读者绝不可从催眠中醒来。

斯特赖特费尔德　我曾经看到过一本您的书籍的复印本，但它的版本我之前从未见过。是以西语出版的，不过不是由任何一家和您合作过的出版社发行的。

马尔克斯　那是盗版。现在市面上太多盗版了。合法的出版商太难应付，所以盗版商反而占了优势。不过一定程度上，我应该感谢这些盗版贩子，因为他们帮我赢得了更多的读者。

正规的出版商没有和盗版商竞争，这是他们的错。二者唯一的区别就是盗版商没有支付版税。但事实上，正规的出版商也几乎没有。

斯特赖特费尔德　您现在手头上有什么工作吗？

马尔克斯　我在写三部曲，每本大概两百页左右。主线就是老年人之间的爱情。爱情是否会随着年岁增长而不同？我在写《霍乱时期的爱情》时有了这个想法，既然我现在还在写，就可以不断改进。其中一部分我从川端康成的《睡美人》中获取到了灵感。通常情况下，当我读到一本好书时，我会由衷地开心，从而欣赏这位作者。但这是唯一一部让我心生嫉妒的作品，我边读边问自己，为什么我想不到这一点呢？

斯特赖特费尔德 书中写了些什么？

马尔克斯 在东京，有一所房子，一些有身份又上了年纪的男人可以去里面欣赏美丽的年轻女性。这些女性展现着全裸的身体，但都被下了药昏昏欲睡。如果男人们去触碰她们，就会将她们唤醒而破坏了规矩。所以他们只能看不能摸，而最终他们会发现纯粹的观赏带来的愉悦感是无可比拟的。

这是一本很美的书。有一天我对自己说，我以后也要写一部像这样的作品。唯一的区别就是将场景转移到加勒比海来。不过最难的事情是那里面的女性被下药了，而这是很日本式的手法，在我们的文化里，却不常发生。

斯特赖特费尔德 这个故事听起来和您早前在巴兰基亚共处的妓女们相差甚远。

马尔克斯　在我的故事里，主人公并不担心性这回事，因为决定权并不在他，而在于那些女性。法国有一句谚语，说的是世上没有无能的男性，只有不知所措的女性。

这是对男性的恭维吗，并不见得。我曾经在加拉加斯说过，所有的男人都是无能的。女士们听后十分激动，她们甚至声称我是她们的英雄。

斯特赖特费尔德　在哥伦比亚有一枚邮戳，上面印有您的照片。

马尔克斯　我希望它是专门用来盖情书的。

作为作家，我对权力感兴趣，
因为在当中，你能找到人类所有的伟大和悲哀。

"I'VE STOPPED WRITING": THE LAST INTERVIEW

"我已停止写作"之最后的访谈

采访者

哈维·阿延

《先锋报》（*La Vanguardia*）
西班牙，2006 年
由西奥·埃琳·巴柳自西班牙语译为英语

2006年2月,《先锋报》发表了一篇关于加西亚·马尔克斯的最后访谈，作为诺贝尔文学奖获得者访谈录系列中的一部分。

墨西哥索卡洛广场是庞大的人流集中地，也是这个国家曾经的权力中心，聚集着最多样化的抗议示威者们——在农村被剥削了土地的人们，在城市而无家可归的人们，还有为了逃离丈夫暴力的可怜女性，都在这里搭棚露营，一些当地群体正在竭尽所能地利用路人的同情心换得几枚硬币的施舍。我们也很想向他们讨教，因为和加西亚·马尔克斯的访谈再过几个小时就要开始了，这是自从他于1982年荣获诺贝尔殊荣以来，给予少数几个记者的一次特权。我们直到最后一刻都在担心，所有的一切会没来由地土崩瓦解，这种忧虑简直是一种折磨。

司机知道前往佩德雷加尔·德·圣·安赫尔的路，那儿是一片建在火山顶部的居住区，电影明星、前任总统还有银行家们都住在那儿。

穿过大门，走过安静的露台，我们到达了客厅，并拿出了一份沉甸甸的圣诞礼物，这是马尔克斯在巴塞罗那的一位友人托我们带来的，也不知道是累还是紧张，总之我们有点喘不过气来。加博（马尔克斯的昵称）和他的妻子梅赛德斯，自从1975年离开西班牙后就一直住在这儿，房子也经历了好几次的翻新和加盖。木质的横梁上有无数道细微的裂缝，蕾丝窗帘悬挂在窗户前，阳光从小孔中透了进来，倾洒在房中所有的物件上，其中包括他五个孙子的照片，年龄最大的有十八岁，最小的仅七岁而已，还有一个巨大的黄色玩偶，看起来像某种兔子。

在等待时，我们翻阅了几本放置于咖啡桌上的书籍，有一些上面布满了诺贝尔奖获得者的照片，还有一些则是理查德·阿维顿的摄影作品（晚些时候，加博会和我们提到这点："阿维顿来过这儿，帮我拍了照，然而十五天内，他就死了，而我也从未看过他为我拍摄的作品"）。在前往马尔克斯自己搭建的私人书房的路上，我们经过了一座百花齐放的花园，其中有令人惊艳的兰花。到达时，我们发现他正坐在电脑前，在网上浏览着世界新闻，而不是在创作伟大的作品。他十分客气地邀请我们坐下，并告诉我们这次的访谈是个特例，他勉为其难接受的原因是实在无法拒绝那些亲近之人的盛情邀约；然后他突然抓住我们的手臂，低声问道："老实讲讲，你们到底付给了我妻子多少钱？"

第一场的会面是在马尔克斯的办公室，偶尔被几句从电脑里发出来的刺耳英语声打断，就好像是中央情报局定期监控一样。加博的电脑版本是最新的，具备一切可想象的高新技术；他已经很久不用那台古老的打字机了。"只要新电脑一出，我就会立刻买回家，"他大声地夸耀道，"当我还在用打字机时，一本书要花上七年的时间来完成，换成了电脑后，每三年就能出一部作品，因为它能帮我做太多事情了。我把波哥大、巴塞罗那，还有这儿，凡是我工作的地方都布置得一模一样，并且我总是随身携带一块磁盘。"

他边说边不停地喝着可乐，这种嗜好，唯独在他不断接收来自外界信息时才可能被打断。马尔克斯需要通过电话、网络、传真还有邮件的形式了解世界，特别是他的家乡，哥伦比亚的一切。

他不愿讨论自己的私人生活，为此，他说道："你们可以和我授权的自传撰写者聊一聊，他是来自北美的杰拉尔德·马丁。他早就该出版这本自传了，我想他在等待的原因是期待在我身上还能再发生点什么大事儿……"他还告诉我们："在今年，也就是2005年，我给自己放了一年的假。我再也没有坐在电脑前，也没有写下任何一行文字，并且我没有要完成的项目，更没有这个想法要去做任何事情。在这之前，我从未停止过写作，这是人生中的第一次。我曾经每天都要工作，从早上的九点一直到下午的三点，我习惯性地认为这是帮助我的手臂保持温暖的方法，但其实只是因为我实在不知道在早上还能做什么了。"

"所以现在您找到更有趣的事情了吗？"

"是的，我发现了一件令人非常享受的事，那就是躺在床上看书！现在我有时间读一读曾经没机会看的书籍……我还记得之前一旦我没有写东西——不管出自什么原因——那种感觉让人难以忍受。我不得不想方设法地做点什么来转移我的焦躁不安，好让自己能熬到下午三点。但现在，一切都十分完美。"

“第二部回忆录还会写吗？”

“不会了。我写了一些，但我不想让它变成制式化的东西。我意识到如果要出版第二部回忆录，那么我可能会言不由衷，因为很多事情早已物是人非。第一部回忆录，《活着为了讲述》，就是我想要的样子。可是如今，我遇到过很多人，但是——妈的，我并不想让他们出现在第二部回忆录中，如果刻意不提，就是欺骗读者，毕竟他们曾是我人生中极为重要的一部分，到头来他们却未曾善待过我。”

虽然加博没有提及任何人的名字，我们还是忍不住问起关于马里奥·巴尔加斯·略萨的事情，这位秘鲁作家和马尔克斯有过一段短暂的友谊，但是在1976年的墨西哥，因为一些私人冲突，他在公开场合动手揍了加博，而具体到底是为了什么，只能等待“以后的自传”来告诉我们了。

“您认为有一天你们是否会和解呢？”

中途他的妻子梅赛德斯走进了书房，突然说道：“如果你们问我，我会说太迟了，毕竟都是三十年前的事情了。”

“这么久了吗？”加博吃惊地问起。“我们这三十年过得十分愉快，丝毫没有想到他的必要，”梅赛德斯很肯定地说道，并且还加上了一句，“加博说话比较客套，所以你们可以这样认为，这些话都是从我一个人的嘴里说出来的。”

重新谈及他这次史无前例的封笔，这位诺贝尔奖获得者表示：“我长达一年的休假已经结束了，但我又给自己找了一些理由，打算将这个假期延长到2006年。如今我发现自己可以单纯地阅读，而不进行写作。让我们看看这到底可以持续多久吧。这个假期是我自己赚来的，毕竟已经写了那么多的东西，你们理解吗？当然，如果明天我有了想法，那该是一部多么伟大的作品！就我的经验和能力，完成一部小说丝毫没有问题：我可以坐在电脑前迅速地把它打出来……但是读者会知道你是否有用心投入其中。就在我身后，所有的技术设备都随时待命，准备着加入哪一天的写作。我自然乐于感受想法的涌现，但我并不认为有这个必要为此坐下，绞尽脑汁去编造一个故事出来。人们应该知道，如果我打算出版任何东西，只有一个原因，那就是它值得这么做。”

“你们知道吗，”他继续说道，“夜醒时分，我已不再被噩梦困扰，在这之前我总是梦到祖母曾于我幼时在阿拉卡塔卡讲述的那些故事，我会梦到里面死亡的场景，我相信这些事情是有关联的，而正因如此，我的灵感也逐渐枯竭。”

马尔克斯最新的“想法”是一部2004年出版的短篇小说，《苦妓回忆录》，全世界数百万的读者都希望这不会是他的最后一部作品。“这部小说并不在我的计划中，”他告诉我们，“事实上，它来自一个早期的安排；我曾想象过写出一系列类似于此的关于妓女的故事。但当我写了四个或者五个故事时，我发现最终我最为喜欢的还是最后那一则；我意识到自己已经无法从原先的想法中获取更多的灵感，而我真正想要写的就是那最后一则故事，于是我决定放弃之前所写的那些，单独发表最后一篇。”

另外一个马尔克斯在写的故事已经被拖延了，那是一则关于一个男人在写下最后一句话后，命运注定终止的故事。“但是我想过：要小心，这可能会发生在你的身上……”

对于自己灵感耗尽的事情，加博并未因此沮丧，与之相反，他以一种极为加勒比海式的随性态度面对它。“我的生活并没有因为停止写作而改变，反而感觉更好！曾经被写作填满的时间，现在也并没有空虚度日，或者沾染上什么恶习。”

这位作家指了指那个大型的黄色玩偶，刚进屋子时，我们就注意到了它。“这是来自费利佩·冈萨雷斯[1]的一份礼物，墨西哥手工制作，他常来我这儿。”接着我们开始讨论起马尔克斯对于权力的痴迷，以及那些政治家的造访。“作为作家，我对权力感兴趣，因为在当中，你能找到人类所有的伟大和悲哀。”

马尔克斯提到了和克林顿的友谊。“你们见过他吗？他是个神奇的人物。和他一起的时光总是最舒心的。近来他一直在关注艾滋病的话题。这种疾病的传播速度非常快，特别是在加勒比海地区，但没有引起公众和政府足够的重视，克林顿对此感到非常吃惊，也十分困扰。没有人听取他的意见，却也没有人知道的比他更多。”

马尔克斯带着我们参观了他的家庭影院。“我很难能到公共场所去看电影，因为每次我都不得不在电影院的门口耗费几个小时来签名，所以他们会将影片送到我的家中，或者邀请我去私人放映厅观看。”

马尔克斯对于电影的狂热几乎众人皆知：当他还年轻时，就曾想过当一名电影导演，而如今他的儿子，罗德里格为他实现了这个梦想。罗德里格是众多国际电影节，如戛纳电影节、洛迦诺

1　费利佩·冈萨雷斯（Felipe González，1942—），西班牙政治家，于1982年至1996年担任西班牙的首相。

电影节以及圣塞巴斯蒂安电影节的常客。他的作品包括电视剧《黑道家族》和《六尺之下》，还有一些剧情电影，如《寂寞城市》《十段渺小的爱情故事》以及《九条命》。“他们有所作为当然是件好事，”马尔克斯作为父亲评论道，“如果我从不认为他们优秀，那该是件多么可怕的事情！”罗德里格现居好莱坞，他的弟弟贡萨洛住在巴黎。最近两个兄弟都搬来和父母同住，自由出入就如儿时一般。明天贡萨洛，这位平面设计师和画家，会向我们讲述他父亲的故事：“加博不是那种会陪你玩耍的父亲，但是他愿意和我们聊天，讨论许多关于成年人的话题时也非常开明。我们幼时和他最常一起做的事情就是聊天和听音乐。”

加西亚·马尔克斯一直试图保护自己的私人生活，随着时间的流逝，他的生活的确逐渐淡出了人们的视野，他没有让名气剥夺自己同儿孙及友人的美好时光。但是一开始，他说道：“名气曾经差点毁了我的生活，因为它让我觉得一切都不够真实，就好像权力会迷惑心智一样。它会让你孤立无援，沟通交流上的重重阻碍最终会将你与世人隔绝开来。”

电话突然响了起来，马尔克斯未卜先知地说道：“一定是卡门·巴尔塞伊丝……”梅赛德斯接起了电话，果不其然，电话那头就是这个世界上最有名的文学经纪人。马尔克斯由衷地笑了起来：“你们看，这个女人都不用休息。没什么能逃得过她的眼睛，她知道我现在正接受你们的采访……她一定无时无刻不在监视我们。”

卡门·巴尔塞伊丝自1961年就与加西亚·马尔克斯共事，那时候没人相信这个默默无名的年轻作家会享誉国际，直到1967年《百年孤独》的问世。在这部作品中，随着几个人物的陆续出现——比如有着猪尾巴的婴儿，还有空中悬浮的牧师——作者借此讲述了布恩迪亚家族的几代变迁。《百年孤独》自诞生以来就成为了魔幻现实主义的典范，至今无人超越。

加博没有和我们聊起墨西哥，而是谈起了另外一座城市，也就是20世纪60和70年代的巴塞罗那，他曾经在那儿住过一段时间，并写下了《族长的秋天》这部作品。“我们于1976年来到这座城市，带着一位朋友给我的长达两米的鳄鱼皮。我本打算卖了它，因为当时我们急需钱，可后来我没舍得这么做。于是这块鳄鱼皮跟着我们穿过了大半个地球。它就好像是幸运的图腾：之前我在巴黎已经到了要在地铁站里乞讨的地步，等到了巴塞罗那，我每天都饥肠辘辘，而这一切的变化来得如此之快，令人始料不及，我后来甚至在这座城市买得起房子了。”

“我并不觉得这个城市有任何惊艳之处，”他向我们解释道，“它普通得好像我们曾经来过一般。而我选择它的原因是因为拉蒙·比尼耶斯，他以‘加泰罗尼亚智者’这个角色出现在我的作品《百年孤独》里。我记得儿时还待在巴兰基亚的时光，那时拉蒙总是四处宣传巴塞罗那，这座城市在他的记忆中变得十分理想化，他说那是个可以流浪和放逐灵魂的地方。”当马尔克斯和妻子搬到西班牙时，他们抛弃的是先进文明的大都市，墨西哥城。他们选择远离喧嚣的文学、电影和艺术家圈子，来到遥远的西班牙，当时这儿正处于弗朗哥政权的最后时期。梅赛德斯记忆犹新地回顾道："那时的巴塞罗那人都有那么点儿自命不凡，他们歌舞升平的夜生活刚刚开始发展，但是在墨西哥这种迪斯科舞厅早就有几百家了！墨西哥人甚至还会戴上宽边大草帽出来呢。"

"他们当时想超越巴黎。"加西亚・马尔克斯回忆道。

"我们看过那部剧《告诉我》[1]，一切就如同里面的情节一般，我和加博来到了这样的一个世界。"梅赛德斯笑着评论道。

加博也同意地补充道："一家名为'薄伽丘'的迪斯科舞厅是全城娱乐的中心，在那儿人们莫名地变得不那么墨守成规，但在我们看来一切还是那么过时。"

梅赛德斯指出："他们——那些巴塞罗那人——觉得我们是落伍的那一派，因为我们来自拉美，但事实却完全相反。我会穿着短裤或牛仔裤走在街上，人们总是盯着我看个不停，似乎我是个怪人。有一天我问路易斯・戈伊蒂索洛的妻子：'玛丽亚・安东尼娅，为什么他们总是盯着我看？''别理他们，'她说道，'他们也这样对我。'"

当时弗朗哥政权的种种限制在巴塞罗那来得比马德里更加宽松一些，毕竟马德里是政治中心，而巴塞罗那毗邻法国，马尔克斯夫妇利用了这个优势。加博在回忆时说："我们会去佩皮尼昂看电影，比如《巴黎最后的探戈》。有时我们在巴黎待上三天三夜，就是为了能了解现在这个世界到底发生了些什么。巴塞罗那是我们通向欧洲的大门：从那儿出发，我们去过伦敦（我们的英语就

1 《告诉我》是一部非常受欢迎的西班牙连续剧，讲述的是弗朗哥政权末期所发生的事情，以及政权的更替。

是在那儿学的），米兰……我们去听音乐会，看外国戏剧……我对于文化的饥渴完全得到了满足。”

加博和梅赛德斯经历了一段繁忙的文化运动时期[1]，永远喧嚣的夜晚，薄伽丘舞厅宁静的清晨，新兴的文学杂志，以及弗朗哥死后紧张的政治局势……他们和其他被格兰德大妈所吸引而前来造访巴塞罗那的作家们往来甚密，其中包括何塞·多诺索和马里奥·巴尔加斯·略萨，还有一些作家，如卡洛斯·富恩特斯、胡里奥·科塔萨尔以及巴勃罗·聂鲁达都前来拜访他们……

“现在我不得不略微羞愧地承认那段岁月对于我们而言其实十分愉快，”加博说道，“20世纪70年代早期的巴塞罗那，虽然你可能不愿相信，那儿的人们生活富足。只是现在，如果你仔细回想，才会意识到当时的一切有多么可悲。”

矛盾的是，加西亚夫妇在西班牙重获民主之前就离开了：“听闻弗朗哥去世的消息时，我们正好在波哥大，于是我们立刻返回了墨西哥。我们认为西班牙的局势会变得动荡不安，并且我们不确定新上任的政府对我即将出版的作品《族长的秋天》会如何回应。我想他们可能不会相信我的灵感其实来源于拉美，如委内瑞拉的胡安·比森特·戈麦斯，或是海地总统弗朗索瓦·杜瓦利埃，他下令屠杀全城的黑狗，仅仅因为觉得他的对头化身成了其中一只。还有萨尔瓦多的总统马克西米亚诺·埃尔南德斯·马丁内斯，他将整个国家的路灯都罩上了红纸，目的是为了应对麻疹

1 特指巴塞罗那于20世纪60年代至70年代，由作家、出版商、建筑家、摄影师和时尚模特所发起的艺术和知识运动。

的爆发。我不清楚这到底意味着什么，但是到头来，弗朗哥在我的心中根本算不上独裁者，他太文明、太现代了。你们知道吗，这本书最好的评论出自巴拿马的托里霍斯将军，在他离世的前两天，他告诉我：‘这是你最好的作品：因为我们就和你书中所描述的一模一样。’”

加博在巴塞罗那有一间房子，他说道：“我还是会经常去那座城市，大概每年一次，虽然2005年的那次引起了一阵骚动，因为当时是我时隔五年后的再次造访。每次去，一切都如同未曾离开一般。我们照常醒来，出门和亲近的朋友吃饭。我们走在大街上，看着自己一天天变老。我们会四处逛逛，偶尔因为一些人而停下脚步，或者听到对街有人向我们呐喊，但是卡斯蒂利亚人永远会保持礼貌的社交距离，喜爱的狂热也不会过分地溢于言表。我们也去过马德里几次，那儿我们也有许多朋友，但是我们从不久留，因为那儿的人们总把我们当作新闻来看待，而在巴塞罗那，人们对我们的存在早已习以为常，可是在马德里，消息一早就传到了记者、歌手和电影人的耳中，然后就变成了一场持续不断的社交。”

加博依然避免过度曝光在公众的视野里。他坚信沉默的力量，在政坛上也是一样。他一直保持着和卡斯特罗的友谊，但对于卡斯特罗过于武断的一些立场，他则选择不予评论。他对于古巴政府作出释放政治犯决议的问题上影响深远，并且柔化了某些问题上政府的姿态。从要求解救在萨尔瓦多遭遇绑架的银行家，到允许持不同政见者的家人返回自己的国土，他一直活跃在许多国家的政治事宜上。在这方面，他就好像电影中的詹姆斯·邦德，也像由他的友人格雷厄姆·格林所撰写的小说中的人物。1995年，绑架了胡安·卡洛斯·加维里亚[1]的绑匪要求马尔克斯就任哥伦比亚的总统。（而马尔克斯本人的回应是："为什么会有人想要担任这个国家最糟糕的总统？……放了加维里亚，摘下你们的面具，在宪法的保护下来推广你们变革的理念吧。"）"我一直觉得自己是个共谋者，而非所谓的文件签署人，"马尔克斯指出，"我一直试图根本性地解决很多事情，而不是简单地签署抗议宣言。"

这种隐形的外交手段如今也体现在他在哥伦比亚的维和行动上，作为中间调解人，他一直试图帮助乌里韦政府和左翼反叛组织国家解放军达成某种程度上的协议。"也许我们现在不太适合对此做太多的评价，毕竟一切还在进展中。当你身处某件事情中时，妄下定论并不明智。从我出生起，就一直听到要为哥伦比亚争取和平的各种言论。现在，经过一系列艰难的协商，他们终于愿意进行对话。我参加了在哈瓦那的第一次会面，那次会谈进行得很顺利。我和双方都保持着非常友好的态度。在这些事宜上，一个功成名就的作者也依然要保持谦逊的姿态，因为其中有太多错综复杂的关系了。"

"暴力从未消亡，这是哥伦比亚从古至今一直以来的问题，"

---

1 胡安·卡洛斯·加维里亚（Juan Carlos Gaviria）是塞萨尔·加维里亚的兄弟。塞萨尔·加维里亚于1990年至1994年担任哥伦比亚的总统，之后由埃内斯托·桑佩尔接任该职位。胡安·卡洛斯于1996年遭遇反叛团体"哥伦比亚之荣耀"的绑架，他们当时要求加西亚·马尔克斯就任哥伦比亚的总统，逼迫桑佩尔下位，因为桑佩尔的竞选资金大部分来源于毒贩。

马尔克斯回想道，“根源就是造成贫富悬殊的经济状况。毒品生意掳获了太多的资本，没有毒品，一切都会变好，因为毒品实在带来太多的问题。最大的毒枭们都集聚在哥伦比亚，以至于如今他们不再为政权而斗争，而是在争夺毒品的控制权。整个美国也因而被牵涉进来。”

当在花园中和妻子一同拍照时，加博笑称道：“梅赛德斯，现在你能明白为什么我不喜欢接受采访了吧，这些记者起初到来时都显得那么谦逊，而最后他们根本不愿离开。现在他们叫我亲亲你，然后呢，我肯定他们会要求我对你说‘我爱你’。”其实“我爱你”这句话显得十分多余，因为从十三岁遇见还是少女的梅赛德斯起，他们就不曾分廾，现在他们依然站在我们的面前，分享着他们的生活。

当我们准备离开时，加西亚·马尔克斯问起在这个访谈系列中还有哪些诺贝尔奖获得者。“啊，我相信你们肯定只选那些最好的。”他说出此话时，是如此的自信，他总是能掌控住每一次的访谈，在他的脸上你难以想象曾经在巴塞罗那进行公众演讲时他的羞涩和紧张，那时的他因害怕而颤抖，忐忑得连话都说不出来。“我想我应该是有某种社交焦虑，就像奥地利的诺贝尔奖获得者艾尔弗雷德·耶利内克一样，因为我从不畏惧这种小范围一对一的对话，但是要在座无虚席的礼堂里演讲的话，那会要了我的命。现在我还会害羞吗？如今前来拜访我的人都怀着极为敬畏的心情，所以和他们交流对我来说，就再容易不过了。”

加夫列尔·加西亚·马尔克斯 GABRIEL GARCÍA MÁRQUEZ

1927年，于哥伦比亚阿拉卡塔卡出生；2014年，于墨西哥的墨西哥城去世。哥伦比亚知名小说家、短篇故事作家和记者。他是20世纪最具影响力和最受欢迎的作家之一；他的小说《百年孤独》拥有全球数百万的读者，是魔幻现实主义的经典代表。其他作品还包括《霍乱时期的爱情》《族长的秋天》《没有人给他写信的上校》《一桩事先张扬的凶杀案》以及回忆录《活着为了讲述》。他于1982年荣获诺贝尔文学奖。

阿隆索·安赫尔·雷斯特波 ALONSO ÁNGEL RESTREPO

《哥伦比亚人报》（*El Colombiano*）文学增刊记者。

埃内斯托·冈萨雷斯·贝尔梅霍 ERNESTO GONZÁLEZ BERMEJO

《危机》杂志（*Revista Crisis*）的欧洲通讯记者，采访过众多知名拉美作家，并撰写了一系列的访谈录，其中包括《和科塔萨尔的对话》（1978）以及《和加夫列尔·加西亚·马尔克斯的对话》（1982）。

大卫·斯特赖特费尔德 DAVID STREITFELD

《纽约时报》记者。他的团队于2013年荣获普利策新闻奖，详尽报道了苹果公司对经济重塑的作用。其个人因其撰写的一篇关于一家冒牌工厂的故事，于2012年斩获由美国商业编辑与作家协会颁发的“最佳商业作品”大奖。他同家人现居旧金山，出版过多部作品。

哈维·阿延 XAVI AYÉN

自1991年起，为西班牙《先锋报》（*La Vanguardia*）进行文化专题的报道。与摄影师金·曼雷萨一同撰写了《诺贝尔的反抗》（*Rebeldia de Nobel*）一书，该书记录了在诺贝尔奖获得者家中进行的一系列访谈。

埃莉·罗宾斯 ELLIE ROBINS

西班牙语译者，为英国和美国的出版社工作。

西奥·埃琳·巴柳 THED ELLIN BALLEW

西班牙语和法语译者。